BEI GRIN MACHT SICH IH
WISSEN BEZAHLT

- Wir veröffentlichen Ihre Hausarbeit,
  Bachelor- und Masterarbeit

- Ihr eigenes eBook und Buch -
  weltweit in allen wichtigen Shops

- Verdienen Sie an jedem Verkauf

Jetzt bei www.GRIN.com hochladen
und kostenlos publizieren

Konstantin Sokolov

Nachbarschaftssuche in Mengen von planaren, nicht-konvexen, nicht-überschneidenden Polygonen

GRIN Verlag

Bibliografische Information der Deutschen Nationalbibliothek:

Die Deutsche Bibliothek verzeichnet diese Publikation in der Deutschen National-
bibliografie; detaillierte bibliografische Daten sind im Internet über http://dnb.d-
nb.de/ abrufbar.

Impressum:

Copyright © 2010 GRIN Verlag GmbH
Druck und Bindung: Books on Demand GmbH, Norderstedt Germany
ISBN: 978-3-640-57710-1

GRIN - Your knowledge has value

Der GRIN Verlag publiziert seit 1998 wissenschaftliche Arbeiten von Studenten, Hochschullehrern und anderen Akademikern als eBook und gedrucktes Buch. Die Verlagswebsite www.grin.com ist die ideale Plattform zur Veröffentlichung von Hausarbeiten, Abschlussarbeiten, wissenschaftlichen Aufsätzen, Dissertationen und Fachbüchern.

Besuchen Sie uns im Internet:

http://www.grin.com/

http://www.facebook.com/grincom

http://www.twitter.com/grin_com

Nachbarschaftssuche in Mengen von planaren, nicht-konvexen, nicht-überschneidenden Polygonen

Studienarbeit

6. März 2010

von
Konstantin Sokolov

RHEINISCH-WESTFÄLISCHE TECHNISCHE HOCHSCHULE AACHEN
Institut für Mensch-Maschine-Interaktion

Abstract

Zwei Polygone sind benachbart wenn sie gemeinsame Kantensegmente teilen („Kanten-Nachbarschaft") oder wenn sie gemeinsame Punkte auf einer Kante besitzen („Punkt-Nachbarschaft") oder wenn sie sich gar nicht berühren, sondern in einer gewissen Nähe zueinander liegen („lose Nachbarschaft"). Die vorliegende Arbeit beschäftigt sich mit Verfahren zur Auffindung dieser drei Arten von Nachbarschaftsbeziehungen in Mengen von planaren, nicht-konvexen sich nicht-überschneidenden Polygonen. Nach der Vorstellung eines bereits bekannten Algorithmus zur „Kanten-Nachbarschaft"-Suche werden im Hauptteil der Arbeit die beiden Algorithmen zur Auffindung der „Punkt-Nachbarschaft" und der „losen Nachbarschaft" entwickelt. Im worst case liegt die Zeitkomplexität dieser beiden Algorithmen in $O(m_{ges}^2)$ (wobei m_{ges} die Gesamtanzahl aller Kanten bzw. Eckpunkte ist). Eine Sortierung aller Eckpunkte nach der x-Koordinate und eine anschließende, effiziente Vorauswahl führen in der Praxis jedoch zu einem vielfachen Speedup der Laufzeiten (im Vergleich zu einer rein quadratischen Zeitkomplexität). Durch die Tatsache, dass die beiden Algorithmen hochgradig parallelisierbar sind, kann ein weiterer Speedup erreicht werden. Diese Möglichkeit wird zum Schluss der Arbeit diskutiert.

Inhaltsverzeichnis

Abbildungsverzeichnis

Tabellenverzeichnis

1 Einleitung

Die Gewinnung von nützlicher, struktureller Information, aus eingangs unstrukturierten Rohdaten, ist ein zentraler Aspekt in Geoinformationssystemen (GIS). Neben räumlicher (topografischer) Information nimmt die Extraktion und Darstellung von *topologischen* Beziehungen zwischen Geoobjekten (z.B. Flächen) eine wichtige Stellung ein (vgl. [Röo98] *"Topologische Beziehungen in Geo-Informationssystemen"*, S. 8ff.). Die Topologie beschreibt nichtmetrische, strukturelle Beziehungen zwischen beliebigen Objekten. Topologische Beziehungen können u.a. die *Nachbarschaft*, das Enthaltensein und die Überschneidung von Objekten betreffen.

Die vorliegende Arbeit beschäftigt sich mit verschiedenen Ansätzen zur Auffindung von Nachbarschaftsbeziehungen zwischen Polygonen. In Geoinformationssystemen können Polygone zur Repräsentation beliebig geformter Flächen eingesetzt werden. Verwendung findet die Nachbarschaftssuche beispielsweise bei der Generalisierung von Flächen (d.h. bei der Zusammenfassung von benachbarten Flächen mit dem Ziel der Komplexitätsreduktion) oder in der Kartographie: "...die topologische Beschreibung der Nachbarschaft von Objekten [ist] eine wichtige Grundlage für die Gestaltung raumbezogener Datenstrukturen..." (vgl. [HGM02] *"Kartographie"*, S. 100). Andere Einsatzgebiete für die Nachbarschaftssuche in Geoinformationssystemen liegen überall dort, wo die Feststellung der Nachbarschaft eine Voraussetzung ist für weitere differenziertere, semantische Analysen (vgl. [ESR05] *"GIS Topology"*, S. 2).

In der vorliegenden Arbeit werden bezüglich der Darstellung der Polygone und Repräsentation der Nachbarschaftsbeziehungen keine, in irgendeiner Weise einschränkenden, Annahmen gemacht. Aus diesem Grunde ist der Einsatz der entwickelten und vorgestellten Algorithmen nicht nur auf Geoinformationssysteme beschränkt, sondern kann sich auf beliebige Bereiche der Computergrafik erstrecken.

Im Folgenden wird der Aufbau der Arbeit kurz erläutert. Einleitend werden neben anderen notwendigen Definitionen, die drei Arten von Nachbarschaftsbeziehungen definiert, die in dieser Arbeit betrachtet werden. Das dritte Kapitel stellt einen bereits vorhandenen Algorithmus zur Nachbarschaftssuche vor, der jedoch nur eine Art der Nachbarschaftsbeziehung überdeckt. Aus diesem Grunde werden im vierten Kapitel, dem Hauptteil der Arbeit, ausgehend vom dem Algorithmus aus Kapitel drei, zwei weitere Algorithmen entwickelt, die sich auf die anderen beiden Arten von Nachbarschaftsbeziehungen erstrecken. Kapitel fünf diskutiert die Parallelisierbarkeit der beiden im vierten Kapitel vorgestellten Algorithmen und enthält Vorschläge zu Parallelisierungsansätzen. Kapitel sechs schließt die Arbeit mit einer Diskussion und Auswertung der Benchmarks der beiden Algorithmen aus Kapitel vier ab.

2 Grundlagen

In diesem Kapitel werden Grundlagen eingeführt, die zum Verständnis der, in dieser Arbeit behandelten Themen und Algorithmen, notwendig sind. Weiter reichende Aspekte und Ergänzungen, die hier nicht erwähnt sind, werden in den folgenden Kapiteln an den entsprechend sinnvollen Stellen gesondert behandelt.

2.1 Definitionen

1. **Polygon**
   Ein Polygon ist eine zusammenhängende Fläche, die dadurch entsteht, dass man mindestens drei voneinander verschiedene Punkte (Eckpunkte des Polygons) durch Strecken (Kanten) miteinander verbindet. Ein Polygon ist also ein Vieleck.
   Bemerkung: Die Anzahl der Kanten in einem Polygon ist stets gleich der Anzahl der Punkte.

2. **Planarität**
   Ein Polygon ist planar, wenn es in der Ebene liegt (und nicht im Raum).

3. **Nicht-Überschneidung**
   Nicht-überschneidende Polygone besitzen keine gemeinsamen Punkte, die nicht auf ihren Kanten liegen.

4. **Konvexität**
   In einem konvexen Polygon sind alle Innenwinkel kleiner als $180°$. Ein nicht-konvexes (konkaves) Polygon besitzt mindesten einen Innenwinkel, der größer ist als $180°$. Anschaulich ist ein Polygon konvex, wenn von jedem seiner Punkte aus alle Punkte des Polygons sichtbar sind. Wobei ein Punkt q von einem Punkt p aus sichtbar ist, wenn die Verbindungsstrecke zwischen p und q ganz im Polygon liegt.

   Abbildung 2.1 zeigt vier Polygone: A und B sind konvex, C und D sind nicht-konvex. Beim Polygon C ist beispielsweise zu sehen, dass p von q aus nicht sichtbar ist (und umgekehrt), weil die (rote) Verbindungsstrecke nicht vollständig im Polygon liegt.

5. **Kanten-Nachbarschaft**
   Zwei Polygone sind Kanten-benachbart, wenn sie gemeinsame Kantensegmente besitzen. Ein Kantensegment ist eine Teilstrecke einer Kante.

   In der Abbildung 2.1 sind nur die Polygone A und D Kanten-benachbart.

6. **Punkt-Nachbarschaft**
   Zwei Polygone sind Punkt-benachbart, wenn sie mindestens einen gemeinsamen Punkt auf ihren Kanten besitzen.

   In der Abbildung 2.1 sind die Polygone A und B, A und C, sowie A und D Punkt-benachbart.

7. **Lose Nachbarschaft**
   Zwei Polygone sind lose benachbart (mit Parameter r), falls ein Punk des einen Polygons innerhalb der Object Aligned Bounding Box einer Kante des anderen Polygons liegt. Abbildung 2.2 veranschaulicht lose Nachbarschaft.

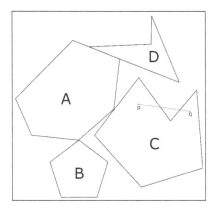

Abbildung 2.1: Konvexe und konkave Polygone. A und B sind konvex, C und D sind konkav. Kanten-benachbart sind: A und D. Punkt-benachbart sind: A und B, A und C, A und D.

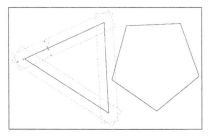

Abbildung 2.2: Lose Nachbarschaft. Gestrichelte Linie: Object Aligned Bounding Box.

2.2 Verwendete Formelzeichen

1. n ist die Anzahl der zu betrachtenden Polygone

2. m_i ist die Anzahl der Kanten bzw. Eckpunkte des i-ten Polygons

3. E_i ist die Menge der Kanten des i-ten Polygons

4. V_i ist die Menge der Eckpunkte des i-ten Polygons

5. $m_{ges} = \sum_{i=1}^{n} m_i$ ist die Gesamtanzahl aller Kanten bzw. Eckpunkte aller n Polygone

6. $E_{ges} = E_1 \cup E_2 \cup ... \cup E_n$ ist die Menge aller Kanten aller n Polygone

7. $V_{ges} = V_1 \cup V_2 \cup ... \cup V_n$ ist die Menge aller Eckpunkte aller n Polygone

E_{ges} und V_{ges} sind Multimengen, denn es ist möglich, dass zwei verschiedene Polygone die gleiche Kante besitzen.

3 Stand der Technik

3.1 Algorithmus: Kanten-Nachbarschaft

Der in [ACD$^+$01] „*Finding Adjacencies in Non-Overlapping Polygons*" vorgestellte Ansatz zur Nachbarschaftssuche in Mengen von nicht-konvexen, nicht-überschneidenden Polygonen betrachtet nur die *Kanten-Nachbarschaft* zwischen Polygonen.

Zur Bestimmung der Nachbarschaft werden drei Beobachtungen zu Nutze gemacht (vgl. [ACD$^+$01], S. 3):

1. Kanten von benachbarten Polygonen liegen auf derselben Geraden. Ist also die erste Kante eine Teilstrecke der Geraden $y = m_1 x + b_1$ und die zweite Kante eine Teilstrecke der Geraden $y = m_2 x + b_2$, dann gilt:

$$m_1 = m_2 \text{ und } b_1 = b_2$$

2. Die x-Intervalle der Kanten benachbarter Polygone überlappen sich. D.h. falls die erste Kante durch die Punkte (x_1, y_1), (x_2, y_2) und die zweite Kante durch die Punkte (x_3, y_3), (x_4, y_4) bestimmt ist, dann gilt:

$$(x_1...x_2) \cap (x_3...x_4) \neq \emptyset \text{ mit } x_1 < x_2 \text{ und } x_3 < x_4$$

3. Falls für zwei Kanten die beiden obigen Bedingungen erfüllt sind, so sind die zugehörigen Polygone benachbart.

Der Algorithmus extrahiert zunächst die Kanten aller Polygone und legt sie in einem Array ab. Zu jeder Kante wird das x-Intervall, die Steigung, der y-Achsenabschnitt und ein Verweis auf das zugehörige Polygon gespeichert.
Das Array wird nach der Steigung sortiert, bei Gleichheit wird nach dem y-Achsenabschnitt unterschieden, bei weiterer Gleichheit nach dem linken Rand des x-Intervalls.
Nach der Sortierung kann das Array als eine Menge von Sub-Arrays betrachtet werden, wobei in jedem Sub-Array die Steigungen und die y-Achsenabschnitte der Kanten gleich sind während die x-Intervalle aufsteigend nach der Koordinate des linken Randes geordnet sind.
Es genügt anschließend ein linearer Durchlauf des Arrays, um alle Nachbarschaften zu bestimmen (vgl. [ACD$^+$01], S.4).

Der vorgestellte Algorithmus berücksichtigt jedoch den Fall senkrechter Kanten (Geraden) nicht. In diesem Fall reicht die Betrachtung des x-Intervalls alleine nicht aus, es muss vielmehr auch das y-Intervall einer Kante hinzugezogen werden. Dieser Aspekt wird auf Seite 13f. genauer erläutert.

Die Laufzeit des vorgeschlagenen Algorithmus wird durch die Sortierung des Arrays dominiert und liegt bei der Anwendung eines Standard-Sortieralgorithmus (z.B. Quick-Sort) in $O(m_{ges}log(m_{ges}))$.

4 Algorithmen

4.1 Überlegungen zur Darstellung von Geraden

Ein wichtiger Aspekt bei den, in diesem Kapitel, vorgstellten Algorithmen (ebenso wie beim Algorithmus aus dem letzten Kapitel) ist die Art der Geradendarstellung. Aus diesem Grund werden an dieser Stelle die verschiedenen Möglichkeiten sowie ihre Vor- und Nachteile diskutiert.

Es gibt prinzipiell zwei verschiedene Möglichkeiten zur Beschreibung von Geraden:

- durch lineare Funktionen der Form: $y = m \cdot x + b$

- durch Vektorgleichungen der Form: $g : \vec{r} \cdot \vec{n} = c$

Welche der beiden Darstellungsformen sich am besten für die Implementierung der Algorithmen eignet, wird im Folgenden untersucht. Speicher- und Zeiteffizienz sind die beiden in erster Linie zu betrachtenden Aspekte. Die Speichereffizienz ergibt sich aus dem für die Speicherung der Geraden-Parameter(m und b bzw. $\vec{n}$ und c) benötigten Speicher. Die Zeiteffizienz bezieht sich auf die Bestimmung der jeweiligen Geraden-Parameter aus zwei gegebenen Punkten.

Lineare Funktionen

Für die **Speichereffizienz** ergibt sich eine Gleitkommazahl für die Steigung und eine Gleitkommazahl für den y-Achsenabschnitt, insgesamt also zwei Gleitkommazahlen. Die **Zeiteffizienz** wird durch die Berechnung der Steigung und des y-Achsenabschnitts bestimmt. Dazu lassen sich die Formeln $m = \frac{\Delta y}{\Delta x} = \frac{y_2 - y_1}{x_2 - x_1}$ und $b = y - m \cdot x$ verwenden. Insgesamt also drei Additionen, eine Division und eine Multiplikation.

Das **Problem** bei der Darstellung durch lineare Funktionen ist, dass sich keine senkrechten (zur y-Achse parallelen) Geraden beschreiben lassen, da eine Division durch Null nicht definiert ist bzw. die Steigung in diesem Fall gegen Unendlich geht.

Vektorgleichungen

Für die **Speichereffizienz** ergeben sich zwei Gleitkommazahlen für den Normalenvektor und eine Gleitkommazahl für die Konstante, insgesamt also drei Gleitkommazahlen. Die **Zeiteffizienz** wird durch die Berechnung des Einheits-Normalenvektors $\vec{n}$ und der Konstanten c bestimmt. Mit

$$\vec{n} = \frac{1}{\sqrt{(y_2 - y_1)^2 + (x_2 - x_1)^2}} \cdot \begin{pmatrix} -(y_2 - y_1) \\ x_2 - x_1 \end{pmatrix} \text{ und } c = \begin{pmatrix} x \\ y \end{pmatrix} \cdot \vec{n} = x \cdot n_1 + y \cdot n_2$$

ergeben sich also vier Additionen, zwei Divisionen, vier Multiplikationen und eine Wurzeloperation.

Das **Problem** bei der Darstellung durch Vektorgleichungen besteht darin, dass der kleiner als (größer als)-Operator auf Vektoren definiert werden müsste, um eine Sortierung zu ermöglichen, was für den Algorithmus aus dem letzten Kapitel gefordert ist. Eine Alternative wäre beispielsweise nicht den Normalenvektor selbst, sondern seinen Winkel zur x-Achse zu sortieren, was aber mit zusätzlichen Berechnung verbunden wäre. Zusätzliche Schwierigkeiten ergeben sich außerdem durch die Nichteindeutigkeit des Normalenvektors.

Auswertung

Wie der Vergleich zeigt, ist die Darstellung durch eine lineare Funktion die effizientere Möglichkeit der Implementierung. Das Problem der unendlichen Steigung ist mathematisch zwar schwer zu handhaben, führt bei der Implementierung jedoch zu keinen großen Schwierigkeiten. Das IEEE 754-Gleitkommaformat (heute am häufigsten verwendet) ermöglicht eine problemlose Darstellung der Unendlichkeit, indem es dafür bestimmte, sonst nie auftretende Werte vorsieht. Dem Problem der Division durch Null kann man mit einer Fallunterscheidung begegnen.

Der folgende C++ Quellcode zeigt eine mögliche Implementierung der Funktion zur Berechnung der Steigung. Interessant dabei sind die Zeilen 4 - 7. Falls die Differenz der x-Koordinaten der beiden Punkte 0 ist, handelt es sich um eine senkrechte Gerade und es wird der double-Wert für die Unendlichkeit zurückgegeben. Dieser Wert wird von der C++-Standardbibliothek zur Verfügung gestellt, wie man in Zeile 6 sieht.

```
1   double slope(const Point& point1, const Point& point2)
2   {
3       double xDiff = point2.x() - point1.x();
4       if(xDiff == 0)
5       {
6           return std::numeric_limits<double>::infinity(); \\Wert für Unendlichkeit
7       }
8       else
9       {
10          return (point2.y() - point1.y()) / xDiff;
11      }
12  }
```

Die IEEE 754 Spezifikation garantiert, dass die Semantik der Vergleichsoperatoren beim „Unendlichkeitswert" erhalten bleibt, so dass am Sortierungsalgorithmus keine Veränderungen vorgenommen werden müssen, um mit der Unendlichkeit umgehen zu können. Es ist aber auch möglich einen beliebigen Wert für die Unendlichkeit zu definieren, solange dafür gesorgt ist, dass er einzigartig ist und bei keinen anderen Berechnungen zustande kommen kann. In diesem Fall wäre explizit zu gewährleisten, dass die Semantik der Vergleichsoperatoren erhalten bleibt.

Es bleibt nur noch zu betrachten, was bei einer unendlichen Steigung mit dem y-Achsenabschnitt passiert. Bei der Benutzung der oben erwähnten Formel zur Berechnung des y-Achsenabschnitts und dem Einsetzen des „Unendlichkeitswertes" für die Steigung, ergibt sich für den y-Achsenabschnitt der negative „Unendlichkeitswert". Dies führt, wie schon im Falle der

Steigung, zu keinen Schwierigkeiten und ist mit keinem zusätzlichen Aufwand verbunden.

Trotz des hinzugekommenen Aufwandes durch die Fallunterscheidung, bleibt die Darstellungsmethode durch eine lineare Funktion die effizientere und einfachere in der Implementierung.

4.2 Algorithmus 1: Punkt-Nachbarschaft

Der im letzten Kapitel erwähnte Algorithmus zur Bestimmung der Kanten-Nachbarschaft erreicht seine relativ geringe Komplexität im Wesentlichen durch die Ausnutzung der Tatsache, dass Kanten von benachbarten Polygonen auf derselben Geraden liegen. Dies ermöglicht mit Hilfe der Sortierung die Aufteilung der ganzen Menge der Kanten in Teilmengen, was letztendlich zur Reduzierung der Komplexität führt.

Im Falle der Punkt-Nachbarschaft lässt sich keine ähnliche Beobachtung finden. Ein Punkt, der auf einer Kante liegt, hat mit dieser Kante keine Parameter in dem Sinne gemeinsam, dass der Punkt keine Steigung und keinen y-Achsenabschnitt hat. Es lassen sich auch keine weiteren, irgendwie gearteten „Gemeinsamkeiten" finden, die zur Reduktion der Komplexität beitragen könnten. Aus diesem Grunde wird sich kein ähnlich effizienter Algorithmus finden lassen. Ein Ziel dieser Arbeit ist es aber einen Algorithmus zu entwickeln, der bei den in der Praxis zu betrachtenden Polygonzahlen ($n \leq 100000$) akzeptable Verarbeitungszeiten liefert.

Definition im Einzelnen

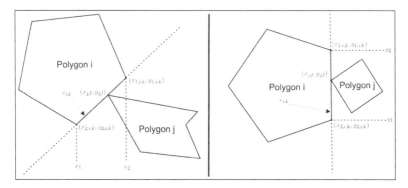

Abbildung 4.1: Punkt-Nachbarschaft. Links: 1.Fall, rechts: 2.Fall

Zunächst ist explizit herauszustellen, welche Bedingungen im Einzelnen erfüllt sein müssen, damit zwei Polygone Punkt-benachbart sind. Laut der Definition (vgl. S. 7) genügt es, wenn sie einen gemeinsamen Punkt auf ihren Kanten besitzen.

Sei $e_{i,k} \in E_i$ eine Kante mit den beiden Eckpunkten $(x_{1,i,k}, y_{1,i,k})$ und $(x_{2,i,k}, y_{2,i,k})$.
Sei $v_{j,l} \in V_j$ ein Eckpunkt mit den Koordinaten $(x_{j,l}, y_{j,l})$.
Mit $i, j = 1, \ldots, n$ und $k = 1, \ldots, m_i$ und $l = 1, \ldots, m_j$ wobei $i \neq j$
Sei weiterhin durch $e_{i,k}$ eine Gerade mit der Steigung

$$m = \begin{cases} \frac{y_{2,i,k} - y_{1,i,k}}{x_{2,i,k} - x_{1,i,k}}, & \text{falls } x_{2,i,k} - x_{1,i,k} \neq 0 \\ \infty, & \text{sonst} \end{cases}$$

und dem y-Achsenabschnitt

$$b = \begin{cases} y_{1,i,k} - m \cdot x_{1,i,k}, & \text{falls } x_{2,i,k} - x_{1,i,k} \neq 0 \\ -\infty, & \text{sonst} \end{cases}$$

bestimmt, auf der $e_{i,k}$ liegt.
Dann sind die Polygone i und j Punkt-benachbart, wenn gilt:

1. Fall: $m \neq \infty$
   a) $x_{j,l} \in [x_1 \ldots x_2]$ mit $x_1 = min(x_{1,i,k}, x_{2,i,k})$ und $x_2 = max(x_{1,i,k}, x_{2,i,k})$
   b) und $y_{j,l} = m \cdot x_{j,l} + b$ (Punktprobe)

2. Fall: $m = \infty$ (senkrechte Gerade)
   a) $x_{j,l} = x_{1,i,k} = x_{2,i,k}$
   b) und $y_{j,l} \in [y_1 \ldots y_2]$ mit $y_1 = min(y_{1,i,k}, y_{2,i,k})$ und $y_2 = max(y_{1,i,k}, y_{2,i,k})$

Zwei Polygone sind also Punkt-benachbart, wenn zwei Bedingungen erfüllt sind:
1. Ein Eckpunkt des ersten Polygons liegt im x-Intervall der Kante des zweiten Polygons.
2. Ein Eckpunkt des ersten Polygons liegt auf derselben Geraden, auf der die Kante des zweiten Polygons liegt.
Die Fallunterscheidung ist nötig, weil im Falle von senkrechten Geraden eine Punktprobe nicht möglich ist. Stattdessen ist zu prüfen, ob der Eckpunkt im y-Intervall der Kante liegt. Die Bedingungen 1a und 2a sind identisch, da im Falle von senkrechten Geraden das x-Intervall einer Kante implizit aus einem einzigen Punkt besteht. Die beiden Fälle sind auf der Abbildung 4.1 veranschaulicht.

Idee

Ein einfacher Algorithmus zur Bestimmung der Punkt-Nachbarschaft lässt sich direkt angeben und ist im folgenden Listing dargestellt.

```
Kantenliste = extrahiereAlleKanten();
Eckpunktliste = extrahiereAlleEckpunkte();
FOREACH(Kante in Kantenliste){
    FOREACH(Eckpunkt in Eckpunkliste)
    {
        IF(    Kante und Eckpunkt gehören nicht zum selben Polygon
            UND Kante enthält Eckpunkt)
        {
            Polygon, zu dem die Kante gehört
            und Polygon, zu dem der Eckpunkt gehört, sind benachbart
        }
    }
}
```

Dieser Algorithmus hat eine quadratische Komplexität in der Anzahl der Kanten bzw. Eckpunkte (die Anzahl der Kanten und Eckpunkte in einem Polygon ist stets gleich): $O(m_{ges}^2)$. Schon für relativ kleine n entstehen nicht akzeptable Laufzeiten.

Im Folgenden wird ein Ansatz zur Verbesserung des obigen Algorithmus vorgestellt, der für alle zu betrachtenden n, in der Praxis annehmbare Laufzeiten liefert. Dieser Ansatz hat zwar nicht viel gemeinsam mit dem im letzten Kapitel vorgestellten Algorithmus zur Bestimmung der Punkt-Nachbarschaft, macht jedoch trotzdem Gebrauch von zwei wichtigen Ideen, die auch dort Verwendung fanden:

- Die Nachbarschaft wird nicht auf der Grundlage von „kompletten" Polygonen bestimmt, es werden vielmehr Mengen von Kanten und Punkten betrachtet.

- Ein Sortierverfahren wird zur Reduktion der Komplexität herangezogen.

Der folgende Abschnitt erörtert den genauen Einsatz dieser Ideen zur Herleitung des verbesserten Algorithmus.

Eine Reduzierung der Anzahl der pro Kante zu betrachtenden Eckpunkte führt zu einer Verkürzung der Verarbeitungszeit, weil somit die Iterationszahl der inneren Schleife verkleinert wird. Es sind also Kriterien abzuleiten, auf Grund derer Eckpunkte, die zur Bestimmung der Nachbarschaft nicht betrachtet werden müssen, vernachlässigt werden können. Ein solches Kriterium ist das x-Intervall einer Kante, wie auf der Abbildung 4.2 verdeutlicht wird. Nur die im grau markierten Bereich liegenden Punkte können mit der roten Kante benachbart sein. Alle Punkte, die außerhalb liegen, brauchen nicht betrachtet zu werden.

Es bedarf also einer effizienten Möglichkeit zur Selektion der, im obigen Sinne, in Frage kommenden Punkte. Ein einfacher, linearer Durchlauf der gesamten Punktmenge würde zu keiner Verbesserung führen.

Abbildung 4.2: Einschränkung des Suchbereiches durch das x-Intervall

Stattdessen beginnt der hier vorgestellte Ansatz damit, die gesamte Punktmenge nach der x-Koordinate zu sortieren. Anschließend lässt sich in der sortierten Menge mit Hilfe einer modifizierten Variante der *Binären Suche* ein Punkt aus dem zu betrachtenden x-Intervall finden. Nun kann vom gefunden Punkt aus die sortierte Menge in zwei Richtungen durchlaufen werden: einmal in Richtung der kleiner werdenden x-Koordinaten, bis der erste Punkt gefunden ist, dessen x-Koordinate kleiner ist als der linke Rand des x-Intervalls, und einmal in Richtung der größer werdenden x-Koordinaten bis zur ersten x-Koordinate, die über dem rechten Rand des Intervalls liegt. Bei diesen beiden Durchläufen werden (außer den beiden Randpunkten, die außerhalb des Intervalls liegen) ausschließlich Punkte ausgewählt, die im x-Intervall der betreffenden Kante liegen (grau markierter Bereich auf der Abbildung 4.2). Auf diese Weise wird also die Anzahl der pro Kante zu betrachtenden Punkte um ein Vielfaches reduziert, was der zu Beginn aufgestellten Forderung entspricht.

Der Ansatz wird nun im Einzelnen erläutert.

Abbildung 4.3: Sortierte Punktmenge

Abbildung 4.3 zeigt beispielhaft einen Ausschnitt einer sortierten Punktmenge (es werden nur die x-Koordinaten gezeigt). Das x-Intervall der Kante sei 11 bis 38 inklusive. Die später erläuterte, modifizierte Variante der Binären Suche könnte beispielsweise den Punkt mit der x-Koordinate 16 finden. Von diesem Punkt aus werden zuerst nach links und dann nach rechts (oder umgekehrt) alle Punkte durchlaufen bis die beiden (in der Abbildung grau markierten) Randpunkte mit der x-Koordinate 10 bzw. 40 gefunden werden. Die Sortierung erlaubt es, beim ersten Auftreffen auf einen Punkt außerhalb des Bereiches den Durchlauf abzubrechen, ohne dass weitere Punkte innerhalb des Bereiches ausgelassen werden. Bei welchem der beiden Durchläufe der gefundene Punkt selbst(x-Koordinate: 16) betrachtet wird, ist unerheblich.

Als nächstes bleibt zu klären, inwieweit die klassische Binäre Suche zu modifizieren ist, um nicht einen einzelnen Wert, sondern einen Wert innerhalb eines vorgegebenen Intervalls zu finden. Im folgenden Pseudocode-Listing ist die klassische Binäre Suche dargestellt. Der Algorithmus terminiert, sobald der übergebene Wert gefunden wird oder spätestens nach der Abarbeitung der gesamten Suchmenge, die den gesuchten Wert nicht enthält.

```
1  binarySearch ( array , toFind )
2  {
3      leftIndex = 0;
4      rightIndex = array.size() - 1;
5
6      WHILE( leftIndex <= rightIndex )
7      {
8          middleIndex = leftIndex + ( rightIndex - leftIndex ) / 2;
9
10         IF ( array [ middleIndex ] < toFind )
11         {
12             leftIndex = middleIndex + 1;
13         }
14         ELSE IF ( array [ middleIndex ] > toFind )
15         {
16             rightIndex = middleIndex - 1;
17         }
```

```
18      ELSE
19      {
20          RETURN middleIndex;
21      }
22    }
23
24    RETURN invalidIndex;
25  }
```

Der nun folgende Algorithmus stellt die modifizierte Binäre Suche dar. Im Unterschied zur der klassischen Variante, operiert sie mit einem Argument mehr. Es sind zwei Werte nötig, um die Grenzen des Intervalls zu spezifizieren, in dem die zu suchenden Werte liegen. Die einzigen Unterschiede im Algorithmus selbst finden sich in den Zeilen 10 und 14. Diese Variante der Binären Suche terminiert, sobald ein Punkt aus dem Intervall $[minToFind, maxToFind]$ gefunden wurde bzw. wenn die Suchmenge keine Punkte aus dem vorgegebenen Intervall enthält. An welcher Stelle des Intervalls der gefundene Punkt liegt wird nicht bestimmt, was für die Problemstellung auch nicht notwendig ist.

```
1   binaryRangeSearch(array, minToFind, maxToFind)
2   {
3       leftIndex = 0;
4       rightIndex = array.size() - 1;
5
6       WHILE(leftIndex <= rightIndex)
7       {
8           middleIndex = leftIndex + (rightIndex - leftIndex) / 2;
9
10          IF(array[middleIndex] < minToFind)
11          {
12              leftIndex = middleIndex + 1;
13          }
14          ELSE IF(array[middleIndex] > maxToFind)
15          {
16              rightIndex = middleIndex - 1;
17          }
18          ELSE
19          {
20              RETURN middleIndex;
21          }
22      }
23
24      RETURN invalidIndex;
25  }
```

Algorithmus

Die vorgestellten Ideen lassen sich zum folgenden Algorithmus kombinieren:

```
1   Kantenliste = extrahiereAlleKanten();
2   Eckpunktliste = extrahiereAlleEckpunkte();
3   sortiere(Kantenliste);
4
5   FOREACH(kante in Kantenliste)
6   {
7       index = binaryRangeFind(kante.xStart, kante.xEnd);
8
9       IF(index ist gültig)
10      {
11          //Durchlauf nach links********************************
12          i = index;
13          punkt = Eckpunktliste[i];
14
15          WHILE(punkt.x >= kante.xStart)
16          {
17              IF(   punkt.y >= kante.yStart UND punkt.y <= kante.yEnd
18                  UND kante.polygon != punkt.polygon)
19              {
20                  IF(punktprobe(kante, punkt))
21                  {
22                      trage Nachbarschaft von kante.polygon und punkt.polygon ein
23                  }
24              }
25
26              i = i - 1;
27              IF(i ist ungültig) BREAK;
28
29              punkt = Eckpunktliste[i];
30          }
31
```

```
32      //Durchlauf nach rechts*******************************
33      i = index + 1;
34      punkt = Eckpunktliste[i];
35
36      WHILE(punkt.x <= kante.xEnd)
37      {
38          IF(    punkt.y >= kante.yStart UND punkt.y <= kante.yEnd
39              UND kante.polygon != punkt.polygon)
40          {
41              IF(punktprobe(kante, punkt))
42              {
43                  trage Nachbarschaft von kante.polygon und punkt.polygon ein
44              }
45          }
46
47          i = i + 1;
48          IF(i ist ungültig) BREAK;
49
50          punkt = Eckpunktliste[i];
51      }
52  }
53 }
```

Eine zusätzliche Vorbedingung für die Punktprobe findet sich in den Zeilen 17 und 38. Die y-Koordinate des Eckpunktes wird auf das Enthaltensein im y-Intervall der Kante geprüft, um auf diese Weise „unnötige" Punktproben zu vermeiden. In den Zeilen 20 und 41 macht der obige Algorithmus Gebrauch von der bereits erwähnten Funktion punktprobe(), deren Aufgabe es ist, die Bedingungen 1b und 2b (siehe Seite 14) zu überprüfen. Zu beachten ist, dass diese Funktion auch senkrechte Geraden mit unendlicher Steigung berücksichtigt, was mit Hilfe einer Fallunterscheidung erreicht wird.

```
1   punktprobe(kante, punkt)
2   {
3       IF(kante.steigung == UNENDLICH)
4       {
5           IF(punkt.y liegt im Intervall [kante.y1, kante.y2])
6               RETURN TRUE;
7           ELSE
8               RETURN FALSE;
9       }
10      ELSE
11      {
12          ergebnis = kante.steigung * punkt.x + kante.yAchsenabschnitt;
13          IF(ergebnis == punkt.y)
14              RETURN TRUE;
15          ELSE
16              RETURN FALSE;
17      }
18  }
```

Komplexität

Die Zeitkomplexität dieser verbesserten Variante des Algorithmus bleibt quadratisch in der Anzahl der Kanten. Die Tatsächliche Laufzeit hängt jedoch sehr stark von vielen Faktoren ab. Einige davon sind nachfolgend aufgeführt.

- Größe und Form der gesamten Fläche, auf der die Polygone verteilt sind

- Verteilung der Polygone auf der Fläche (homogen, heterogen)

- durchschnittliche Anzahl der Kanten/Eckpunkte pro Polygon

- durchschnittliche Länge der Kanten

Zur vereinfachten Berechnung der Zeitkomlexität werden folgende Größen benötigt:
- b, h seien die Breite und Höhe der rechteckigen Gesamtfläche
- $\overline{m}$ sei die durchschnittliche Anzahl der Eckpunkte pro Polygon. D.h. $m_{ges} = \overline{m} \cdot n$

- $\overline{x}$ sei die durchschnittliche Ausdehnung des x-Intervalls einer Kante

Zusätzlich wird eine homogene Verteilung aller Eckpunkte aller Polygone auf der Gesamtfläche angenommen.

Der Anteil der Gesamtfläche, der pro Kante betrachtet werden muss, hängt von der durchschnittlichen Ausdehnung des x-Intervalls einer Kante sowie der Form der Gesamtfläche ab:

$$A_{teil} = \frac{h \cdot \overline{x}}{b \cdot h} = \frac{\overline{x}}{b}$$

Bei einer homogenen Verteilung der Punkte ergibt sich die Anzahl der pro Kante zu betrachtenden Punkte zu:

$$m_{teil} = A_{teil} \cdot m_{ges}$$

Der Gesamtaufwand (mit Berücksichtigung der Sortierung und Binärer Suche) ergibt sich somit zu:

$$O(m_{ges} \cdot log_2(m_{ges})) + O(m_{ges} \cdot log_2(m_{ges}) \cdot m_{teil}) = O(m_{ges} \cdot log_2(m_{ges}) \cdot (1 + m_{teil}))$$

Der erste Term steht dabei für die Komplexität des Sortieralgorithmus und das $log_2(m_{ges})$ im zweiten Term stellt die Komplexität der Binären Suche dar. Für $m_{teil} \gg 1$, was bei den zu betrachtenden Polygonmengen eine plausible Annahme ist, ergibt sich der Gesamtaufwand schließlich zu:

$$O(m_{ges} \cdot log_2(m_{ges}) \cdot m_{teil})$$

4.3 Algorithmus 2: Lose Nachbarschaft

In manchen Fällen ist es wünschenswert die Nachbarschaft von Polygonen auch dann als gegeben zu betrachten, wenn sie sich gar nicht berühren, sondern „nur" in der Nähe von einander liegen. Diese „Aufweichung" der Nachbarschaftsbeziehung ist insbesondere notwendig, um Rundungsfehlern bei Gleitkommazahlen und allen anderen Messungenauigkeiten in den Koordinaten der Polygone zu begegnen.

Zur Definition der „Nähe von Polygonen" wird die Object Aligned Bounding Box (OBB) einer jeden Kante betrachtet (siehe S. 7 „*Lose Nachbarschaft*" bzw. Abbildung 2.2). Die Ausdehnung dieser Bounding Box und somit der Grad der „Aufweichung" kann durch einen Parameter bestimmt werden.

Diese Art die „Nähe zwischen Polygonen" zu definieren erlaubt es einen relativ effizienten Algorithmus zur Bestimmung der losen Nachbarschaft herzuleiten, was im Hauptteil dieses Unterkapitels gezeigt wird.

Idee

Die Prinzipien zur Bestimmung der losen Nachbarschaft unterscheiden sich fast nicht von denen der Punkt-Nachbarschaft. In beiden Fällen geht es letztendlich darum festzustellen, ob der Eckpunkt eines Polygons Element einer bestimmten Punktmenge ist. Im Falle von Punkt-Nachbarschaft entspricht dieser Punktmenge die Kante eines Polygons und

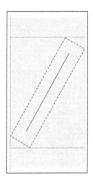

Abbildung 4.4: Schwarze, punktierte Linie: Object Aligned Bounding Box(OBB) der
Kante. Rote, durchgezogene Linie: Axis Aligned Bounding Box (ABB)
der OBB einer Kante. Grauer Bereich: x-Intervall der ABB

im Falle von loser Nachbarschaft die OBB einer Kante. Der prinzipielle Unterschied der
beiden Algorithmen lässt sich also an einem einzigen Aspekt festmachen: statt festzustellen, ob ein Punkt auf einer Kante liegt, muss nun bestimmt werden, ob er innerhalb der
OBB einer Kante liegt.

Diese Ähnlichkeit der beiden Verfahren hat insbesondere zur Folge, dass die bei der
Punkt-Nachbarschaft vorgeschlagene Verbesserung auch bei der Bestimmung der losen
Nachbarschaft angewendet werden kann. Diese Verbesserung beruht auf der Reduzierung
der pro Kante zur betrachtenden Eckpunkte auf einen Teil des Gesamtintervalls. Ebenso
wie im Falle der Punkt-Nachbarschaft ist es auch bei der losen Nachbarschaft möglich ein
solches, „nützliches" Intervall zu identifizieren. Dabei handelt es sich um das x-Intervall
der Axis Aligned Bounding Box (ABB) der OBB einer Kante. Dieser Zusammenhang ist
auf der Abbildung 4.4 verdeutlicht, wobei die ABB durch die rote, durchgezogene Linie
markiert ist und der graue Bereich, der durch die punktierten, roten Linien begrenzt
wird, das x-Intervall andeutet.

Auf dem Wege zum endgültigen Algorithmus sind also noch drei Probleme zu betrachten,
deren Lösung in den folgenden Unterkapiteln vorgestellt wird:

- Berechnung der Object Aligned Bounding Box

- Berechnung des x-Intervalls (und y-Intervalls für die Prüfung der Vorbedingung
  (siehe S. 18)) der Axis Aligned Bounding Box

- Festestellung des Enhaltenseins eines Punktes in der OBB (Punkt-In-OBB Test)

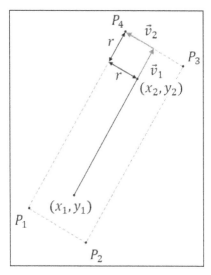

Abbildung 4.5: Berechnung der Object Aligned Bounding Box

Berechnung der Object Aligned Bounding Box (OBB)

Zur Bestimmung einer OBB zu einer gegebenen Kante sind die Koordinaten der Punkte P_1 bis P_4 (siehe Abbildung 4.5) zu berechnen. Dazu muss zuerst der Vektor v_1, der in Richtung der Kante zeigt und der Vektor v_2, der senkrecht auf v_1 steht, berechnet werden.

Aus den Koordinaten der Kante ergeben sich sich v_1 und v_2 zu:

$$\vec{v_1} = \frac{r}{\sqrt{(x_2 - x_1)^2 + (y_2 - y_1)^2}} \cdot \begin{pmatrix} x_2 - x_1 \\ y_2 - y_1 \end{pmatrix}$$

$$\vec{v_2} = \frac{r}{\sqrt{(x_2 - x_1)^2 + (y_2 - y_1)^2}} \cdot \begin{pmatrix} -(y_2 - y_1) \\ x_2 - x_1 \end{pmatrix}$$

$$\text{mit } \|\vec{v_1}\| = \|\vec{v_2}\| = r$$

Die Orstvektoren zu den gesuchten Punkten der OBB ergeben sich wie folgt:

$$\vec{P_1} = \begin{pmatrix} x_1 \\ y_1 \end{pmatrix} - \vec{v_1} + \vec{v_2}$$

$$\vec{P_2} = \begin{pmatrix} x_1 \\ y_1 \end{pmatrix} - \vec{v_1} - \vec{v_2}$$

$$\vec{P_3} = \begin{pmatrix} x_2 \\ y_2 \end{pmatrix} + \vec{v_1} - \vec{v_2}$$

$$\vec{P_4} = \begin{pmatrix} x_2 \\ y_2 \end{pmatrix} + \vec{v_1} + \vec{v_2}$$

Berechnung des x- und y-Intervalls der Axis Aligned Bounding Box

Seien x_1 bis x_4 sowie y_1 bist y_4 die x- bzw. y-Koordinaten der vier Eckpunkte der OBB und x_{min}, x_{max}, y_{min}, y_{max} die gesuchten Randwerte der beiden Intervalle der ABB, dann gilt:

$$x_{min} = min(x_1, x_2, x_3, x_4) = min(x_1, min(x_2, min(x_3, x_4)))$$

$$x_{max} = max(x_1, x_2, x_3, x_4) = max(x_1, max(x_2, max(x_3, x_4)))$$

$$y_{min} = min(y_1, y_2, y_3, y_4) = min(y_1, min(y_2, min(y_3, y_4)))$$

$$y_{max} = max(y_1, y_2, y_3, y_4) = max(y_1, max(y_2, max(y_3, y_4)))$$

Zur Bestimmung der gesuchten Größen musste die ABB selbst zu keinem Zeitpunkt berechnet werden. Von Interesse sind nur die beiden Intervalle der OBB, die logischerweise per Definition mit den Intervallen der ABB übereinstimmen. Die Erwähnung und Einführung der ABB sollte lediglich als gedankliches Konstrukt zum besseren Verständnis beitragen.

Punkt-in-OBB Test

Zur Bestimmung der losen Nachbarschaft ist es notwendig zu überprüfen, ob ein Punkt (der Eckpunkt eines Polygons) innerhalb der OBB einer Kante liegt. Es gibt mehrere Verfahren zur Feststellung des Enthaltenseins eines Punktes in einem Polygon (vgl. [BM01] „Computergrafik und geometrisches Modellieren", S. 38 - 40 und S. 257 - 260). Für den Spezialfall eines konvexen Vierecks, wie im Falle der OBB, existiert jedoch ein effizienteres Verfahren, wie es in [OHM00] „Algorithmen mit Perl" (S. 454 - 457) beschrieben ist.

Das Viereck wird zunächst in zwei Dreiecke aufgeteilt. Diese Aufteilung ist bei jedem konvexen Viereck durch das Ziehen einer Linie zwischen zwei diagonal gegenüberliegenden Punkten möglich. Anschließend wird ein Punkt-Im-Dreieck-Test für die beiden so entstandenen Dreiecke durchgeführt. Somit liegt ein Punkt innerhalb des Vierecks, sofern er in einem der beiden Dreiecke (oder in beiden gleichzeitig) enthalten ist.

Der Punkt-Im-Dreieck-Test stellt für jede Kante des Dreiecks fest, ob der gegebene Punkt links oder rechts von dieser Kante liegt. Im Falle, dass der Punkt bei allen Kanten auf der gleichen Seite (d.h. entweder immer links, oder immer rechts, abhängig vom Umlaufsinn) liegt, liegt er innerhalb des Dreiecks, ansonsten außerhalb. Punkte, die unmittelbar auf einer Kante liegen, werden als innerhalb des Dreiecks gezählt.

Ob ein Punkt links oder rechts von einer Strecke liegt, lässt sich auf eine effiziente Weise feststellen (vgl. [OHM00] S.441f).

Seien dazu (x_0, y_0), (x_1, y_1) die Koordinaten einer Strecke S und sei weiterhin ein Punkt P mit den Koordinaten (x, y) gegeben. Dann gilt:

P liegt links von S für $b < 0$
P liegt rechts von S für $b > 0$

P liegt auf S für $b = 0$

Mit $b = (x - x_0) \cdot (y_1 - y_0) - (x_1 - x_0) \cdot (y - y_0)$

Insgesamt ergibt sich der folgende Algorithmus:

```
1   punktInViereck(x0, y0, x1, y1, x2, y2, x3, x4, x, y)
2   {
3       RETURN punktInDreieck(x0, y0, x1, y1, x2, y2, x, y) OR
4              punktInDreieck(x0, y0, x2, y2, x3, y3, x, y);
5   }
6
7   punktInDreieck(x0, y0, x1, y1, x2, y2, x, y)
8   {
9       lr1 = linksRechts(x0, y0, x1, y1, x, y);
10      lr2 = linksRechts(x1, y1, x2, y2, x, y);
11      lr3 = linksRechts(x2, y2, x0, y0, x, y);
12
13      lr1 = abs(lr1) < epsilon ? 0 : lr1 < 0 ? -1 : 1;
14      lr2 = abs(lr2) < epsilon ? 0 : lr2 < 0 ? -1 : 1;
15      lr3 = abs(lr3) < epsilon ? 0 : lr3 < 0 ? -1 : 1;
16
17      s1 = abs(lr1 + lr2 + lr3);
18      s2 = abs(lr1) + abs(lr2) + abs(lr3);
19
20      IF( s1 >= 2 OR s2 == 1)
21      {
22          RETURN TRUE;
23      }
24
25      RETURN FALSE;
26  }
27
28  linksRechts(x0, y0, x1, y1, x, y)
29  {
30      RETURN (x - x0 ) * (y1 - y0) - (x1 - x0) * (y - y0);
31  }
```

In den Zeilen 13-15 wird der Rückgabewert von linksRechts() darauf getestet, ob er innerhalb eines Intervalls [-epsilon, epsilon] mit epsilon « 1 liegt. Dies ist notwendig, weil linksRechts() in Fällen wo eine exakte Berechnung Null ergeben müsste, bedingt durch Rundungsfehler bei der Verwendung von Gleitkommazahlen Werte ungleich Null zurückgeben könnte.

Die Beiden Summen in den Zeilen 17 und 18 werden zur letztendlichen Entscheidung über das Enthaltensein gebraucht. Bei Punkten, die auf einer Kante liegen ergibt sich der Wert von s1 zu 2, bei Punkten innerhalb des Dreiecks zu 3. Die Summe s2 wird benötigt, um die Fälle zu erkennen, in denen der Punkt auf einem der Eckpunkte des Dreiecks liegt - in diesen Fällen sind zwei der Summenden gleich Null.

Algorithmus

Insgesamt ergibt sich der folgende, zum größten Teil bereits bekannte, Algorithmus:

```
1   Kantenliste = extrahiereAlleKanten();
2   Eckpunktliste = extrahiereAlleEckpunkte();
3   sortiere(Kantenliste);
4
5   FOREACH(kante in Kantenliste)
6   {
7       index = binaryRangeFind(kante.obb.xStart, kante.obb.xEnd);
8
9       IF(index ist gültig)
10      {
11          //Durchlauf nach links*****************************
12          i = index;
13          punkt = Eckpunkliste[i];
14
15          WHILE(punkt.x >= kante.xStart)
16          {
17              IF( punkt.y >= kante.obb.yStart UND punkt.y <= kante.obb.yEnd
18                  UND kante.polygon != punkt.polygon)
19              {
20                  IF(punktInOBB(kante.obb, punkt))
21                  {
```

```
22              trage Nachbarschaft von kante.polygon und punkt.polygon ein
23          }
24      }
25
26      i = i - 1;
27      IF(i ist ungültig) BREAK;
28
29      punkt = Eckpunktliste[i];
30  }
31
32  //Durchlauf nach rechts**********************************
33  i = index + 1;
34  punkt = Eckpunktliste[i];
35
36  WHILE(punkt.x <= kante.xEnd)
37  {
38      IF(    punkt.y >= kante.obb.yStart UND punkt.y <= kante.obb.yEnd
39          UND kante.polygon != punkt.polygon)
40      {
41          IF(punktInOBB(kante.obb, punkt))
42          {
43              trage Nachbarschaft von kante.polygon und punkt.polygon ein
44          }
45      }
46
47      i = i + 1;
48      IF(i ist ungültig) BREAK;
49
50      punkt = Eckpunktliste[i];
51  }
52  }
53  }
```

Die wichtigsten Unterschiede zum Punkt-Nachbarschaft-Algorithmus liegen in den Zeilen 20 und 41, in denen statt der Punktprobe, der Punkt-In-OBB Test durchgeführt wird. Zusätzlich wird in Zeile 7 statt des x-Intervalls der Kante, das x-Intervall der OBB durchsucht.

Komplexität

Die Zeitkomlexität des Algorithmus hat sich gegenüber dem Algorithmus zur Bestimmung der Punkt-Nachbarschaft nicht verändert. Alle zuvor angestellten Überlegungen bezüglich der Komplexität des Punkt-Nachbarschaft-Algorithmus (siehe S. 18 f.) gelten auch bezüglich des Algorithmus zur Bestimmung der losen Nachbarschaft.

Die tatsächliche Laufzeit wird, bedingt durch die höhere Komplexität des Punkt-In-OBB Tests und die Vergrößerung des Suchraums („Aufweichung") pro Kante, selbstverständlich größer sein.

4.4 Alternative Auffasungen der losen Nachbarschaft

Während die Art, wie die Kanten- und Punkt-Nachbarschaft zu definieren ist, keine Zweifel bezüglich der Eindeutigkeit aufkommen lässt, ist es nicht offensichtlich, was lose Nachbarschaft eigentlich bedeutet. Klar ist zunächst einmal nur, dass eine Art Aufweichung stattfinden muss, so dass auch Polygone, die sich nicht berühren als Nachbarn betrachtet werden. Die einfachste Möglichkeit diese Aufweichung zu realisieren, besteht darin, das Polygon imaginär nach allen Seiten hin zu vergrößern, also eine Art „Knautschzone" zu definieren. Polygone, die mit dieser Zone in Berührung kommen, werden als Nachbarn gezählt.

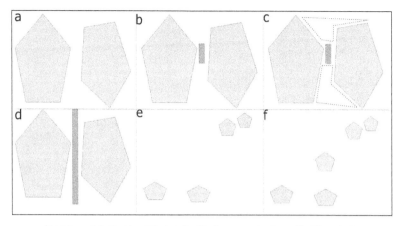

Abbildung 4.6: Problemfälle bei der Bestimmung der losen Nachbarschaft

Dieser einfache Ansatz wird in der vorliegenden Arbeit durch die Einführung einer Object Aligned Bounding Box zu jeder Kante eines Polygons realisiert. Die OBB hat im Prinzip nichts anderes zur Folge, als die Vergrößerung des Polygons zu allen Seiten hin. Das dabei entstehende Problem ist, dass diese Art die lose Nachbarschaft zu definieren nicht immer mit der Intuition übereinstimmt.

Angenommen die Ausdehnung der OBB sei so definiert, dass die beiden Polygone in Abbildung 4.6 a benachbart sind. Kommt nun wie in Abbildung 4.6 b ein drittes Polygon dazu, so hat dies zur Folge, dass alle drei Polygone untereinander benachbart sind. Intuitiv betrachtet ist die Nachbarschaft an dieser Stelle nicht mehr ganz eindeutig, denn genau so plausibel ist es zu behaupten, dass die beiden großen Polygone nicht mehr benachbart sind, weil sie durch das kleinere Polygon getrennt sind und nur jeweils Nachbarn des kleinen sind. Eine Gegenargumenation besteht in der Behauptung, dass die Nachbarschaft weiterhin gegeben ist, weil zwischen den beiden Polygonen weiterhin Freiraum besteht (symbolisiert durch die gestrichelten Bereiche auf der Abbildung 4.6 c). An manchen Stellen besteht „freie Sicht", also weiterhin eine gewisse Verbindung zwischen den beiden großen Polygonen. Anders verhält es sich mit dem auf der Abbildung 4.6 d dargestellten Fall. Dort besteht intuitiv gesehen, definitiv keine Verbindung mehr zwischen den Polygonen, also auch keine Nachbarschaft, obwohl laut der hier verwendetet Definition die Nachbarschaft auch weiterhin gegeben ist.

In der Abbildung 4.6 e ist eine weitere Situation dargestellt. Der Intuition zur Folge, handelt es sich um zwei Gruppen. D.h. sowohl die beiden Polygone in der oberen Ecke, als auch die beiden in der unteren Ecke sind benachbart, jedoch nicht die Gruppen untereinander. Zu derselben Aussage würde die Anwendung der hier benutzen Definition nur dann führen, wenn die Ausdehnung der OBB einerseits so groß wäre, dass sie die beiden Nachbarschaften in den Ecken des Bildes zulässt, andererseits so klein, dass die Nachbarschaft zwischen den beiden Gruppen nicht erkannt wird. Noch komplexer ist die Situation in der Abbilung 4.6 f. Hier lassen sich auch intuitiv gesehen verschiedene Aussagen bezüglich der Nachbarschaftsverhältnisse aufstellen.

Die oben aufgeführten Beispiele helfen zu verstehen, weshalb die Intuition oft zu einer anderen Wahrnehmung der losen Nachbarschaft führt, als die in dieser Arbeit aufgestellte Definition. Die lose Nachbarschaft, wie sie hier verstanden wird, wird letztendlich nur über die absolute Entfernung der Polygone untereinander definiert. Die Topografie wird vollständig vernachlässigt, wie auch relative Entfernungen zwischen Polygonen und Polygongruppen.

Diese Einschränkungen sind zum einen dadurch gerechtfertigt, dass sie zu effizienteren Algorithmen führen und zum anderen durch die Hoffnung, dass auch diese Art der Nachbarschaftssuche für viele reale Anwendungsfälle annehmbare Resultate liefert. Als Beispiel hierfür sei die Bestimmung der Punkt-Nachbarschaft in realen Fällen aufgeführt. Reale Daten sind meistens mit Rundungsfehlern und anderem Rauschen behaftet. Eine gewünschte Punkt-Nachbarschaft bei realen Daten ließe sich in den meisten Fällen also nur als lose Nachbarschaft bestimmen. Die Aufweichung, d.h. die Ausdehnung der OBB, hinge in diesem Fall von dem Betrag der Messungenauigkeiten ab.

5 Untersuchungen zur Parallelisierbarkeit

Um die Laufzeit der im letzten Kapitel vorgestellten Algorithmen zu verkürzen, bietet es sich an zu untersuchen, inwiefern sie sich parallelisieren lassen. Da sich die Algorithmen zur Bestimmung der Punkt-Nachbarschaft und der losen Nachbarschaft, wie in Kapitel 4.2 herausgestellt, von ihrem Prinzip her nicht unterscheiden, gelten alle Aussagen bezüglich der Parallelisierbarkeit gleichermaßen für beide Algorithmen.

Alle folgenden Zeilenangaben in diesem Kapitel beziehen sich auf das Pseudocode-Listing von S. 23.

Eine erste Beobachtung besteht in der Feststellung, dass der Algorithmus sich in zwei, im semantischen Sinne, unabhängige Teile aufteilen lässt. Zum ersten Teil (Z. 1 - 3) gehört die Extraktion der Kanten und Eckpunkte und die dabei stattfindende Berechnung aller nötigen Parameter (Steigung, y-Achsenabschnitt, x-Intervall etc.) sowie die abschließende Sortierung. Alles das also, was man als „Vorausberechnung" bezeichnen kann. Zum zweiten Teil, dem Hauptteil, der ab Z. 5 beginnt, gehört der „eigentliche" Algorithmus, der sich auf die Informationen stützt, die in den Zeilen zuvor berechnet wurden.

Im Folgenden wird die Parallelisierbarkeit dieser beiden Teile unabhängig voneinander untersucht. Ein gleichzeitiges Ablaufen der Vorausberechnung und des Hauptteils würde ein nicht gerechtfertigtes Maß an Synchronisation erfordern, zumal die Vorausberechnung ohnehin nur einen geringen Anteil an der Gesamtlaufzeit hat.

5.1 Parallelisierung des Hauptteils

Der Hauptteil besteht aus einer Schleife, die über alle (bei der Vorausberechnung extrahierten) Kanten aller Polygone iteriert. Zwischen den einzelnen Iterationen gibt es keine Abhängigkeiten, da zur Feststellung der Nachbarschaftsverhältnisse jede Kante unabhängig von allen anderen Kanten betrachtet werden kann. Dies lässt sich auch durch die Vorstellung verdeutlichen, dass das Ergebnis einer Iteration in der Eintragung einer, keiner oder mehrerer Nachbarschaften besteht, wobei die Feststellung neuer Nachbarschaften unabhängig von den, in der Vergangenheit eingetragenen Nachbarschaften erfolgt.

Dieses Fehlen von Abhängigkeiten macht den Hauptteil hochgradig parallelisierbar. Die Parallelisierung erfolgt durch die Aufteilung der Kantenliste in disjunkte Teillisten und die Verarbeitung jeder Teilliste durch einen Thread.

Der folgende Pseudocode verdeutlicht das grundsätzliche Vorgehen.

```
anzahlThreads = bestimmeAnzahlThreads();
anzahlKanten = Kantenliste.size();
kantenProThread = anzahlKanten / anzahlThreads;
```

```
vonIndex = 0;
bisIndex = kantenProThread - 1;
FOR i = 1 TO anzahlThreads
{
    teilliste = Kantenliste.part(vonIndex, bisIndex);
    starteThread(Hauptteil(teilliste));

    vonIndex = bisIndex + 1;
    bisIndex = min(bisIndex + kantenProThread, anzahlKanten - 1);
}

warte bis alle Threads fertig sind
```

Synchronisation

Wie schon erwähnt, gibt es zwischen den einzelnen Schleifeniterationen keine direkten Abhängigkeiten. Trotzdem kann es abhängig davon, wie die Speicherung und Eintragung der Nachbarschaftsverhältnisse realisiert ist, zwischen den einzelnen Threads zu Datenabhängigkeiten kommen, was eine Synchronisation notwendig macht. Es sind also die Zeilen 21 und 41 (vgl. S. 23), die Datenabhängigkeiten verursachen können.

Prinzipiell gibt es zwei verschiedene Möglichkeiten (Datenstrukturen), um Nachbarschaften zu speichern: Adjazenzliste und Adjazenzmatrix. An dieser Stelle sollen nicht die Vor- und Nachteile dieser beiden Arten der Speicherung diskutiert werden, sondern vielmehr ihr Beitrag zur Entstehung von Datenabhängigkeiten.

Um die Problematik zu verstehen, ist es wichtig die folgende Beobachtung festzuhalten: Falls zwei Polygone benachbart sind, kann diese Nachbarschaft durch den Algorithmus zwei mal festgestellt werden. Beim ersten mal „aus der Sicht" der Kante des einen Polygons und beim zweiten mal „aus der Sicht" des anderen Polygons. Zusätzlich kann es vorkommen, dass zwei Polygone sich an mehreren Stellen „berühren". Die Nachbarschaft kann also pro Berührungsstelle bis zu zwei mal festgestellt werden.

Bei der Verwendung einer Adjazenzliste wird die Eintragung einer Nachbarschaft durch das Einfügen eines Verweises auf den Nachbarn in die „Liste der Nachbarn" eines Polygons bewerkstelligt. Um ein mehrfaches Einfügen zu vermeiden (d.h. mehrere Verweise auf denselben Nachbarn) ist es notwendig zuerst festzustellen, ob ein bestimmter Nachbar bereits in der Liste enthalten ist. Insgesamt könnte die Eintragung der Nachbarschaft auf folgende Weise realisiert werden:

```
IF( polygon1.nachbarn enthält nicht polygon2 )
{
    polygon1.nachbarn.append(polygon2);
    polygon2.nachbarn.append(polygon1);
}
```

Es handelt sich hierbei um eine Form bedingter Zuweisung. Die Information bezüglich des Bestehens einer Nachbarschaft kann von einem parallelen Thread erzeugt werden, wobei die Eintragung oder Nichteintragung einer Nachbarschaft von dieser Information abhängt. Um also die mehrfache Eintragung von Nachbarschaften durch parallele Threads zu vermeiden, ist es unbedingt notwendig den obigen Codeabschnitt durch einen kritischen Bereich zu schützen.

```
ENTER( CiriticalSection );
```

```
IF ( polygon1.nachbarn enthält nicht polygon2 )
{
    polygon1.nachbarn.append(polygon2);
    polygon2.nachbarn.append(polygon1);
}
LEAVE( CiriticalSection );
```

Bei der Verwendung einer Adjazenzmatrix ergeben sich keine Synchronisationsprobleme, was daran liegt, dass eine Adjazenzmatrix prinzipiell keine Mehrfacheintragungen von Nachbarschaften zulässt. Es ist also belanglos, ob eine bestimmte Nachbarschaft bereits eingetragen ist oder nicht. Jedes mal, wenn eine Nachbarschaft festgestellt wird, wird der entsprechende Wert in der Adjazenzmatrix überschrieben. Die Zuweisung ist also nicht bedingt. Demzufolge besteht keine Datenabhängigkeit und somit keine Notwendigkeit zur Anwendung von Synchronisationsprimitiven.

5.2 Parallelisierung der Vorausberechnung

Bei der Extraktion von Eckpunkten und Kanten und den dazugehörigen Parametern handelt es sich um eine Iteration über alle Polygone. Es gibt dabei, wie schon im Hauptteil, keine Abhängigkeiten zwischen den Iterationen, was zu einer hochgradigen Parallelisierbarkeit führt. Die Parallelisierung kann nach der gleichen Art, wie die des Hauptteils bewerkstelligt werden, d.h. durch Aufteilung der Polygonliste in disjunkte Teillisten.

Der Quick-Sort-Algorithmus lässt sich ebenfalls parallelisieren. Siehe dazu z.B. [TZ03] *„A Simple, Fast Parallel Implementation of Quicksort".*

6 Bewertung und Vergleich

6.1 Benchmarks

Alle Benchmarks wurden auf einem Rechner mit folgenden Charakteristiken durchgeführt:
Betriebsystem: Windows XP Professional SP3
CPU: Itel Pentium M 1.60 GHz
RAM: 1024 MB

Die Algorithmen wurden in C/C++ implementiert. Die Speicherung der Nachbarschaften wurde mit Adjazenzlisten (siehe auch S. 28) realisiert.

Methode der Zeitmessung

Die einfachste Methode, um die Ausführungsdauer eines Programmabschnittes zu bestimmen, sieht prinzipiell folgendermaßen aus:

```
1  startZeit = aktuelleZeit ();
2  führeEtwasAus ();
3  endZeit = aktuelleZeit ();
4  ausführungsdauer = endZeit - startZeit;
```

In einem preämtiven Multitasking-Betriebsystem jedoch, ist diese Art der Zeitmessung mit schwer abschätzbaren Ungenauigkeiten verbunden. Der Programmierer hat nämlich keinen direkten Einfluss auf das Thread-Scheduling-Verhalten des Betriebsystems. Es könnte passieren, dass der aktuelle Thread nach Zeile 1 unterbrochen wird und erst nach einer unbestimmten Dauer wieder einen Zeitschlitz zugewiesen bekommt. Selbst innerhalb der Funktion führeEtwasAus() könnte der Thread mehrere Male unterbrochen werden, abhängig von der aktuellen Auslastung des Betriebsystems, den gerade Laufenden Tasks und ihren Prioritätseinstellungen. Bei der oben vorgestellten Methode würde jede dieser Unterbrechungen „mitgemessen" und zur eigentlichen Ausführungsdauer des zu untersuchenden Programabschnitts hinzuaddiert werden, ohne dass es hinterher möglich wäre, die wirkliche Ausführungsdauer zu bestimmen. Selbst wenn man seinem Thread die höchste Prioritätsstufe zuweist, bleiben Kernelroutinen des Betriebsystems, die den eigenen Thread unterbrechen könnten.

Für eine präzise Messung müssen also andere Hilfsmittel herangezogen werden, die in der Lage sind ausschließlich die Zeit zu messen, die der eigene Thread in der Ausführung verbringt. Glücklicherweise bietet das Windows API die benötigte Funktionalität (vgl. [RN08] S. 179 - 183).

Testfelder

Die Laufzeit der beiden Algorithmen wurde anhand von zufällig generierten Polygon-Feldern gemessen, die sich in drei Gruppen einteilen lassen: 1000 Polygone, 10.000 Polygone und 100.000 Polygone. Jede Gruppe enthält fünf verschiedene Testfelder, die zwar die gleiche Anzahl an Polygonen enthalten, sich jedoch in der Gesamtzahl der Kanten und Nachbarschaften unterscheiden. Die Fläche der Testfelder beträgt für die Gruppe mit 1000 Polygonen 5000x5000 Pixel, für die Gruppe mit 10.000 Polygonen 15.000x15.000 Pixel und für die Gruppe mit 100.000 Polygonen 50.000x50.000 Pixel. Somit ist die durchschnittliche Polygondichte in den Gruppen mit 1000 und 100.000 Polygonen identisch, während die Polygondichte in der Gruppe mit 10.000 Polygonen um 10 % abweicht.

Die Wahl einer quadratischen Testfläche ist dadurch gerechtfertigt, dass es sich hierbei um den worst case handelt. Zur Verdeutlichung genügt es zwei Fälle einer rechteckigen Fläche zu betrachten: erster Fall, bei dem die Breite größer ist als die Höhe und zweiter Fall, bei dem die Breite kleiner ist als die Höhe. Im ersten Fall ist die pro Kante zu betrachtende Teilfläche im Durchschnitt kleiner als bei einer quadratischen Gesamtfläche (siehe dazu auch S. 18), dementsprechend ist mit einer kleineren Gesamtlaufzeit zu rechnen. Im zweiten Fall ist die Teilfläche pro Kante zwar durchschnittlich größer, jedoch lässt sich dieser Fall auf den ersten Fall zurückführen, indem nicht mehr das x-Intervall einer Kante zur Einschränkung der zu durchsuchenden Punktmenge verwendet wird, sondern das y-Intervall. Die vorgestellten Algorithmen müssten nur geringfügig modifiziert werden, um diese Vorauswahl des Intervalls anhand der Ausmaße der gegebene Fläche zu treffen.

Die Laufzeiten für die beiden Algorithmen, die sich aus aller Testfeldern ergeben, zusammen mit den dazugehörigen Kanten- und Nachbarschaftzahlen sind in den folgenden sechs Diagrammen dargestellt.

Laufzeiten: Bestimmung der Punkt-Nachbarschaft

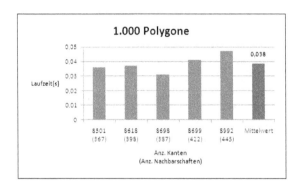

Abbildung 6.1: Punkt-Nachbarschaft: 1.000 Polygone

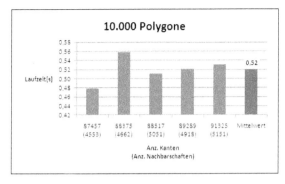

Abbildung 6.2: Punkt Nachbarschaft: 10.000 Polygone

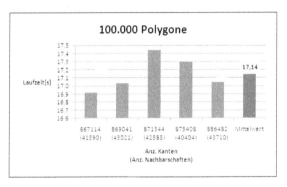

Abbildung 6.3: Punkt Nachbarschaft: 100.000 Polygone

Laufzeiten: Bestimmung der losen Nachbarschaft

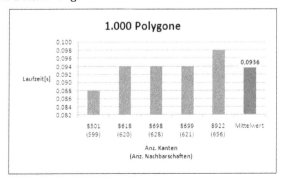

Abbildung 6.4: Lose Nachbarschaft: 1.000 Polygone

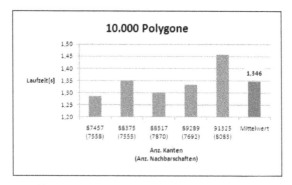

Abbildung 6.5: Lose Nachbarschaft: 10.000 Polygone

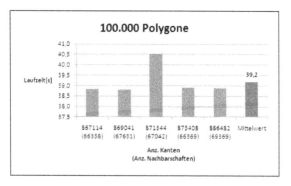

Abbildung 6.6: Lose Nachbarschaft: 100.000 Polygone

6.2 Auswertung

Es folgen einige qualitative Aussagen bezüglich der Algorithmen, die sich aus den Beobachtungen der oben Dargestellten Diagramme ableiten lassen.

Einfluss der Polygonverteilung auf die Laufzeit

Zunächst einmal bestätigen alle sechs Diagramme die im vierten Kapitel geäußerte Behauptung, dass die Laufzeit der Algorithmen nicht nur von der Anzahl der Kanten abhängt, sondern auch nicht unwesentlich von der konkreten Verteilung der Polygone auf dem Testfeld. Während die Kantenanzahl auf jedem Diagramm von links nach rechts immer zunimmt, lässt sich kein streng proportionaler Zuwachs der Laufzeiten erkennen. Am deutlichsten zeigt diesen Zusammenhang die Abbildung 6.3. Dort ist zu sehen, dass das Testfeld mit der größten Kantenanzahl (vorletzter Balken) die zweitkürzeste Laufzeit aufweist und das Testfeld mit der größten Laufzeit (dritter Balken), was die Kantenanzahl betrifft, in der Mitte liegt.

Einfluss der Nachbarschaften auf die Laufzeit

In erster Linie zeigen die Messergebnisse, dass die Anzahl der Nachbarschaften *potentiell* von der Anzahl der Kanten abhängt, was nicht weiter überraschend ist, da es im Endeffekt die Kanten sind, die Nachbarschaften „eingehen". Beispielsweise ist auf allen Diagrammen zu sehen, dass das Testfeld mit der größten Kantenanzahl (Abbildungen 6.1 bis 6.6, vorletzter Balken) gleichzeitig auch die größte Anzahl an Nachbarschaften aufweist. Andererseits bestätigen die zahlreichen Ausnahmen (z.b. Abbildung 6.3, zweiter und vierter Balken, oder Abbildung 6.5, dritter und vierter Balken,), dass auch die Anzahl der Nachbarschaften letztendlich größtenteils von der konkreten Verteilung der Polygone abhängt. Dementsprechend lässt sich auch kein direkter Einfluss auf die Laufzeit festellen. Dieser Einfluss ist also gegenüber dem Anteil der Laufzeit, der durch die Anzahl der Kanten bestimmt ist, vernachlässigbar klein. Diese Aussage gilt nur für die bei den Testläufen betrachteten Fälle mit einer durchschnittlichen Nachbarschaftsanzahl pro Kante von ca. 0,05 (Punkt-Nachbarschaft) bzw. 0,08 (lose Nachbarschaft).

Verbesserung gegenüber rein quadratischer Komplexität

Tabelle 6.1 stellt zusammenfassend für die beiden Algorithmen und die drei Testfeldgruppen die mittlere Laufzeit der mittleren Kantenanzahl gegenüber. Diese Tabelle soll der Übersicht dienen. In den beiden nächsten Tabellen (Tabelle 6.2 für die Punkt-Nachbarschaft und Tabelle 6.3 für die lose Nachbarschaft) wird durch den Vergleich der Kantenanzahlen und Laufzeiten der verschiedenen Testfelder der Speedup der Algorithmen gegenüber einer rein quadratischen Zeitkomplexität berechnet. Die Anzahl der Nachbarschaften wird aus den im letzten Abschnitt genannten Gründen vernachlässigt.

Anhand der ersten Zeile aus Tabelle 6.2 sollen die einzelnen Berechnungen verdeutlicht werden. Es werden die Testfeldgruppen C und B verglichen. Die Testfeldgruppe B hat 10,2 Mal mehr Kanten als Testfeldgruppe C. Dieser Wert lässt sich mithilfe der Werte aus der ersten Spalte der Tabelle 6.1 berechnen. Eine mittlere Vervielfachung der Laufzeit von 13,5 bedeutet, dass die Laufzeiten der Testfeldgruppe B im Mittel 13,5 Mal größer sind als die der Testfeldgruppe C. Dieser Wert folgt aus der zweiten Spalte der Tabelle 6.1. Der *Speedup* ist das Verhältnis von einer quadratischen Vervielfachung der Laufzeit (die von der Kantenanzahl abhängt) zu der ausgerechneten mittleren Vervielfachung: $\frac{(10,2)^2}{13,5}$.

Die Anzahl der Testfälle ist nicht groß genug, um allgemeingültige Aussagen über die tatsächliche Verbesserung der Laufzeit zu machen. Die Speedup-Werte zeigen jedoch, dass die betrachtete Testfällen eine für die Praxis durchaus signifikante Beschleunigung aufweisen. Die Messergebnisse rechtfertigen also den in dieser Arbeit betriebenen Aufwand zur Modifizierung eines trivialen Ansatzes zur Nachbarschaftssuche.

Testfeld-gruppe	mittl. Kantenzahl	Punkt-Nachbarschaft mittl. Laufzeit	lose Nachbarschaft mittl. Laufzeit
A (100K)	873877,8	17,14	39,2
B (10K)	88992,6	0,52	1,35
C (1K)	8701,6	0,0384	0,0936

Tabelle 6.1: mittlere Kantenanzahl und Mittlere Laufzeit (Punkt-Nachbarschaft und lose Nachbarschaft) der drei Testfelder

Vergleich	mittl.Vervielfachung der Kantenanzahl	mittl. Vervielfachung der Laufzeit	Speedup
C → B	10,2	13,5	7,7
B → A	9,8	32,9	2,9
C → A	100,4	446,5	22,5

Tabelle 6.2: Punkt-Nachbarschaft: Speedup gegenüber rein quadratischer Zeit

Vergleich	mittl.Vervielfachung der Kantenanzahl	mittl. Vervielfachung der Laufzeit	Speedup
C → B	10,2	14,4	7,3
B → A	9,8	29,1	3,3
C → A	100,4	418,7	24,1

Tabelle 6.3: lose Nachbarschaft: Speedup gegenüber rein quadratischer Zeit

Literaturverzeichnis

[ACD⁺01] ADLER, J., GD CHRISTELIS, JA DENEYS, GD KONIDARIS, G LEWIS,
AG LIPSON RL PHILLIPS, DK SCOTT-DAWKINS, DA SHELL, BV STRY-
DOM, WM TRAKMAN und LD VAN GOOL: *Finding Adjacencies in Non-
Overlapping Polygons.* SAICSIT Conference, 2001.

[BM01] BRÜDERLING, BEAT und ANDREAS MEIER: *Computergrafik und Geometris-
hes Modelieren.* Teubner, Stuttgart/Leipzig/Wiesbaden, 1. Auflage, 2001.
ISBN: 3-519-02948-0.

[ESR05] ESRI ©, ESRI 380 New York St., Redlands, CA 92373-8100, USA: *GIS
Topology. An ESRI © White Paper*, July 2005.

[HGM02] HAKE, GÜNTER, DIETMAR GRÜNREICH und LIQIU MENG: *Kartographie.*
Berlin; New York: Gruyter, 8. Auflage, 2002. ISBN-13 978-3110164046.

[OHM00] ORWANT, JON, JARKKO HIETANIEMI und JOHN MACDONALD: *Algorithmen
mit Perl.* O'Reilly, 1. Auflage, 2000. ISBN-13: 978-3897211414.

[RN08] RICHTER, JEFFREY und CHRISTOPHE NASARRE: *Windows via C/C++.* Microsoft Press, A Division of Microsoft Corporation, One Microsoft Way, Red-
mond, Washington 98052-6399, 5. Auflage, 2008. ISBN-13 978-0-7356-2424-5.

[Röo98] RÖOSCH, NORBERT: *Topologische Beziehungen in Geo-
Informationssystemen.* Doktorarbeit, Universität Fridericiana zu Karlsruhe
(TH), 1998.

[TZ03] TSIGAS, PHILIPPAS und YI ZHANG: *A Simple, Fast Parallel Implementation
of Quicksort and its Performance Evaluation on SUN Enterprise 10000.* Ele-
venth Euromicro Conference on In Parallel, Distributed and Network-Based
Processing, 2003.